Impressum
Verlag: BABADADA GmbH, Nedderfeld 112 , 22529 Hamburg
Geschäftsführer / Verlagsleitung: Harald Hof
Druck: Books on Demand GmbH, In de Tarpen 42, 22848 Norderstedt

Imprint
Publisher: BABADADA GmbH, Nedderfeld 112 , 22529 Hamburg, Germany
Managing Director / Publishing direction: Harald Hof
Print: Books on Demand GmbH, In de Tarpen 42, 22848 Norderstedt, Germany

xue xiao

School

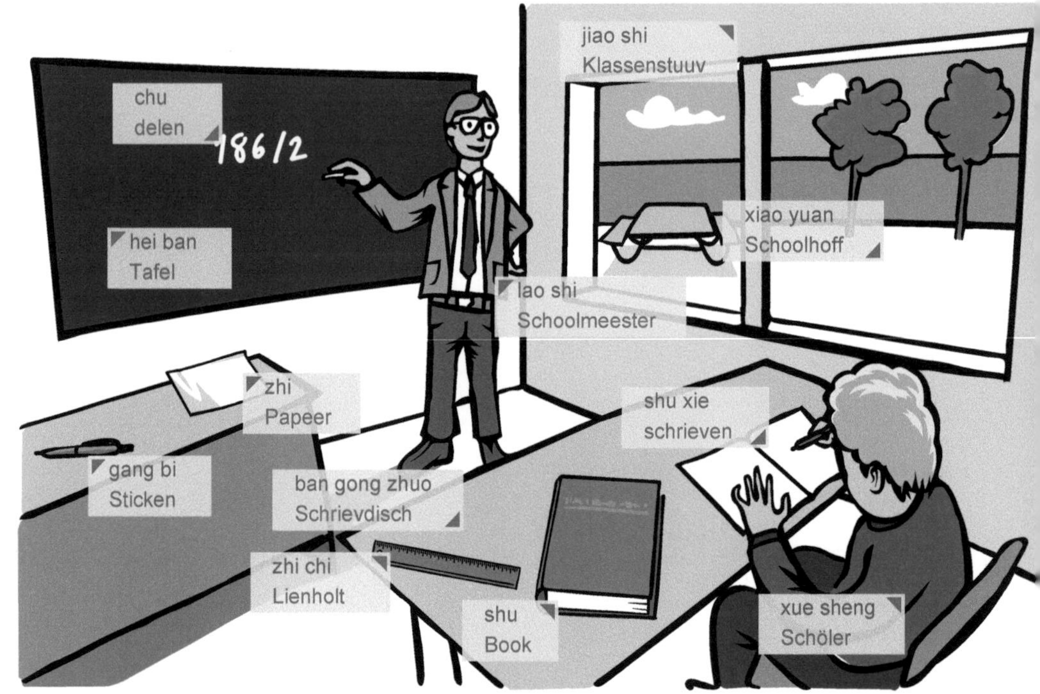

jiao shi
Klassenstuuv
chu
delen
186/2
hei ban
Tafel
xiao yuan
Schoolhoff
lao shi
Schoolmeester
zhi
Papeer
shu xie
schrieven
gang bi
Sticken
ban gong zhuo
Schrievdisch
zhi chi
Lienholt
shu
Book
xue sheng
Schöler

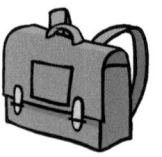

shu bao

Ranzel

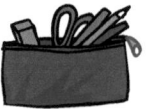

qian bi he

Feddermapp

qian bi

Bleesticken

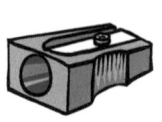

juan bi dao

Scharpmaker

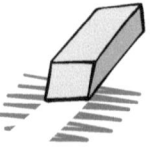

xiang pi ca

Radeergummi

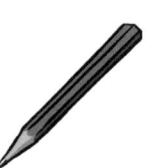

hua ban

Tekenblock

tu hua
....
Teken

hua bi
....
Pinsel

yan liao he
....
Malkassen

jian dao
....
Scheer

jiao shui
....
Klever

lian xi ce
....
Heft to'n Öven

jia ting zuo ye
....
Huusopgaav

12

shu zi
....
Tall

2+2

jia
....
tohooptellen

5-2

jian
....
aftrecken

2×2

cheng
....
malnehmen

ji suan
....
reken

A

zi mu
....
Bookstaav

ABCDEFG HIJKLMN OPQRSTU VWXYZ

zi mu biao
....
ABC

hello

zi
....
Woort

ke wen

Text

du

lesen

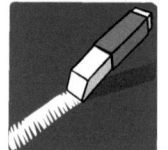

fen bi

Kried

shang ke

Stunn

deng ji

Klassenbook

kao shi

Pröven

zheng shu

Tüügnis

xiao fu

Schooluniform

jiao yu

Utbillen

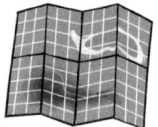

bai ke quan shu

Nakieksel

da xue

Universität

xian wei jing

Mikroskop

di tu

Koort

fei zhi kuang

Papeerkorf

lü xing
Törn

jiu dian
Hotel
Grand
qing nian lü xing she
Harbarg
ROOMS
wai bi dui huan chu
Wesselstuuv
EXCHANGE
shou ti xiang
Kuffer
qi che
Auto

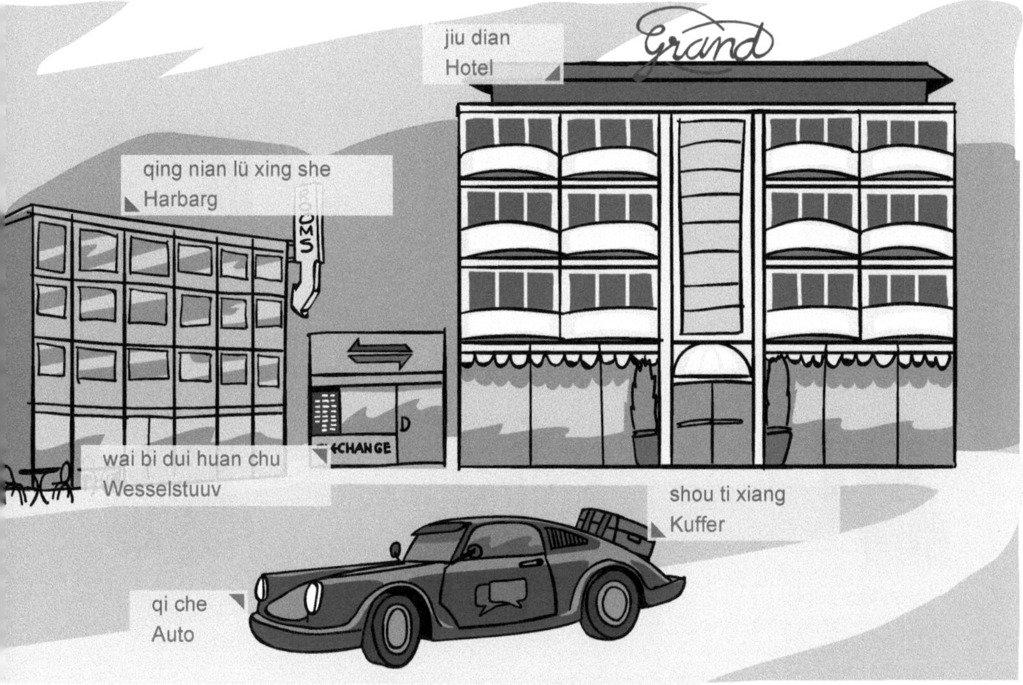

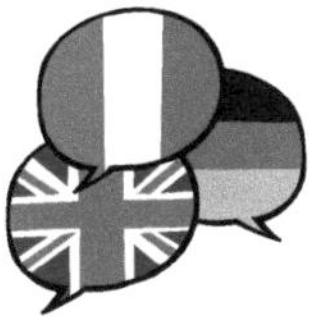

yu yan

Spraak

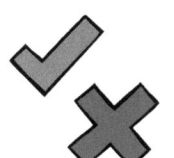

shi/fou

jo / ne

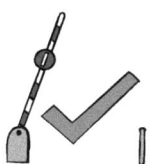

hao de

Jo

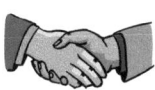

nin hao

Moin

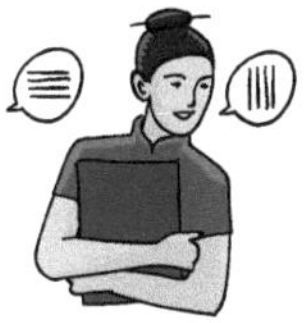

fan yi yuan

Översetter

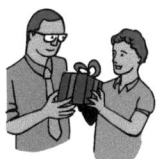

xie xie

Dank ok

......duo shao qian?

Wat kost...?

wo bu ming bai

Ik verstah nich

wen ti

Problem

wan shang hao!

Goden Avend

zao shang hao!

Moin!

wan an!

Gode Nacht!

zai jian

Tschüüs

fang xiang

Richt

xing li

Bagaasch

bao

Tasch

shuang jian bao

Rüchsack

ke ren

Gast

fang jian

Stuuv

shui dai

Slaapsack

zhang peng

Telt

lü you xin xi

Touristeninformatschoon

hai tan

Strand

xin yong ka

Kreditkoort

zao can

Fröhstück

wu can

Meddageten

wan can

Avendeten

piao

Fohrkort

dian ti

Fohrstohl

you piao

Breefmark

bian jie

Grenz

hai guan

Toll

da shi guan

Bottschop

qian zheng

Visum

hu zhao

Pass

jiao tong yun shu

Transport

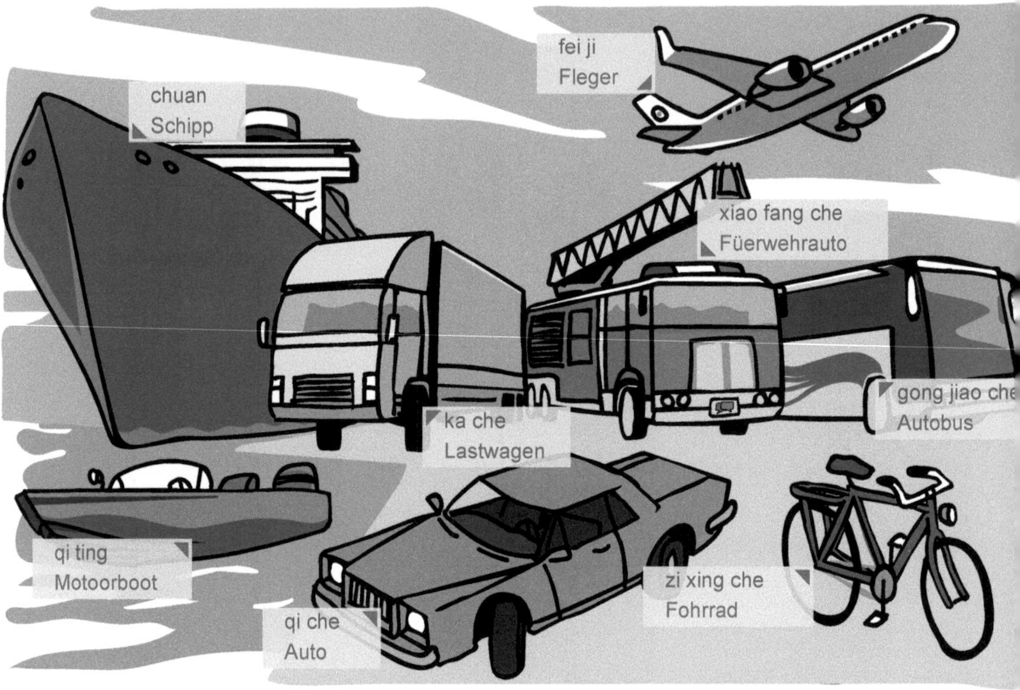
fei ji
Fleger
chuan
Schipp
xiao fang che
Füerwehrauto
gong jiao che
Autobus
ka che
Lastwagen
qi ting
Motoorboot
zi xing che
Fohrrad
qi che
Auto

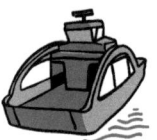

bai du chuan

Fähr

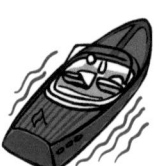

xiao chuan

Boot

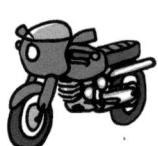

mo tuo che

Motoorrad

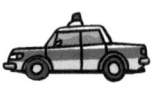

jing che

Polizeiauto

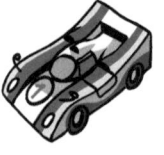

sai che

Rönnauto

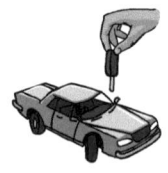

zu che

Lehnwagen

pin che
Carsharing

tuo che
Afsleepwagen

la ji che
Müllauto

fa dong ji
Motoor

qi you
Kraftstoff

jia you zhan
Tanksteed

jiao tong biao zhi
Verkehrsschild

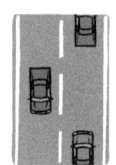

jiao tong
Verkehr

jiao tong du sai
Stau

ting che chang
Afstellplatz

huo che zhan
Bahnhoff

gui dao
Sporen

huo che
Tog

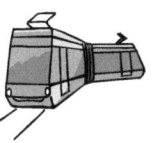

dian che
Stratenbahn

huo che
Wagon

zhi sheng ji

Dwarsmöhl

ji chang

Flooghaven

ta

Tower

cheng ke

Fohrgast

ji zhuang xiang

Grootkist

zhi ban xiang

Karton

shou tui che

Koor

lan zi

Korf

qi fei/jiang luo

starten / lannen

cheng shi

Stadt

cun zhuang

Dörp

shi zhong xin

Binnenstadt

fang zi

Huus

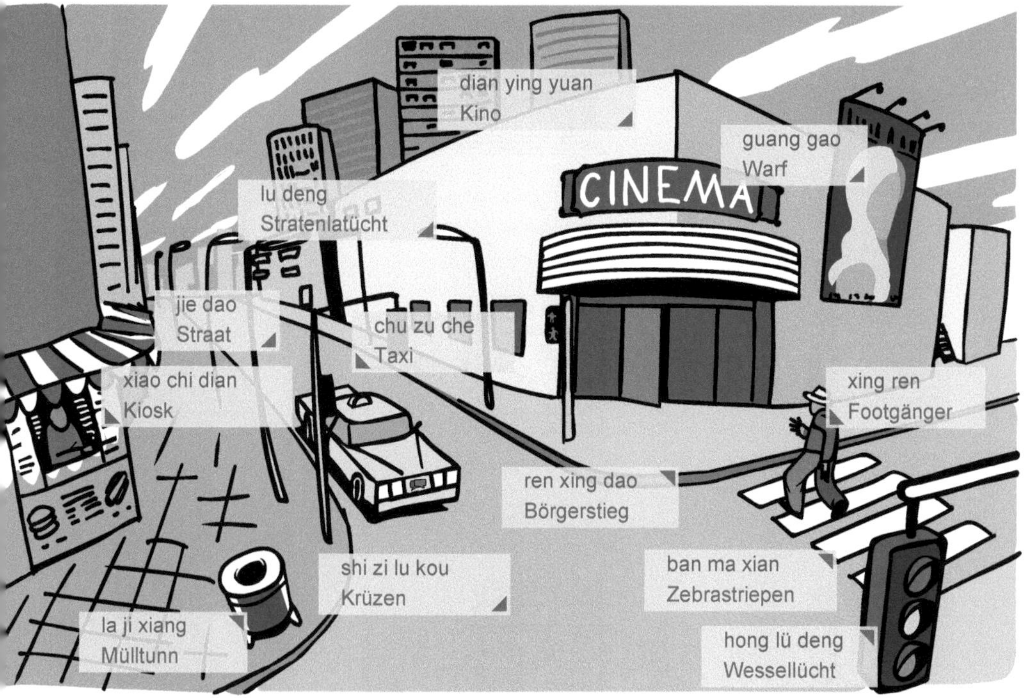

dian ying yuan
Kino

guang gao
Warf

lu deng
Stratenlatücht

CINEMA

jie dao
Straat

chu zu che
Taxi

xiao chi dian
Kiosk

xing ren
Footgänger

ren xing dao
Börgerstieg

shi zi lu kou
Krüzen

ban ma xian
Zebrastriepen

la ji xiang
Mülltunn

hong lü deng
Wessellücht

xiao wu

Hütt

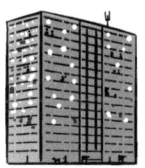

gong yu

Wahnung

huo che zhan

Bahnhoff

shi zheng ting

Raathuus

bo wu guan

Museum

xue xiao

School

da xue

Universität

yin hang

Bank

yi yuan

Krankenhuus

jiu dian

Hotel

yao fang

Afteek

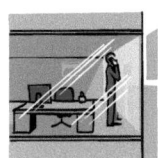

ban gong shi

Büro

shu dian

Bookhökerie

shang dian

Hökerie

hua dian

Blomenhökerie

chao shi

Supermarkt

shi chang

Markt

bai huo shang dian

Koophuus

yu dian

Fischhökerie

gou wu zhong xin

Inkoopszentrum

hai gang

Haven

gong yuan

Parkanlaag

chang deng

Bank

qiao

Brüch

lou ti

Trepp

di tie

Ünnergrundbahn

sui dao

Tunnel

gong jiao che zhan

Busstoppsteed

jiu ba

Bar

can guan

Spieslokal

you tong

Breefkassen

lu biao

Stratenschild

ting che ji shi qi

Parkklock

dong wu yuan

Deertenpark

you yong guan

Baadanstalt

qing zhen si

Moschee

nong chang

Buernhoff

wu ran

Ümweltversmudden

mu di

Karkhoff

jiao tang

Kark

cao chang

Speelplatz

si miao

Tempel

di xing
Landschop

shu ye
Blatt

zhi shi pai
Wiespahl

lu
Weg

cao di
Wisch

shi tou
Steen

shu
Boom

tu bu lü xing zhe
Wannerer

he
Fluss

cao
Gras

hua
Bloom

xia gu
Daal

shan
Barg

hu
See

sen lin
Holt

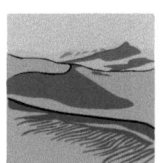

sha mo
Wööst

huo shan
Füerspien Barg

cheng bao
Slott

cai hong
Regenbagen

mo gu
Poggenstohl

zong lü shu
Palm

wen zi
Steekmück

cang ying
Fleeg

ma yi
Miegeemk

mi feng
Imm

zhi zhu
Spinn

jia chong

Sebber

qing wa

Pogg

song shu

Katteker

ci wei

Swienegel

ye tu

Haas

mao tou ying

Uul

niao

Vagel

tian e

Swaan

ye zhu

Wildswien

lu

Hirsch

mi lu

Elk

shui ba

Staudamm

feng li fa dian ji

Windrad

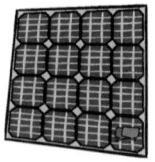

tai yang neng dian chi ban

Solarmodul

qi hou

Klima

can guan
Spieslokal

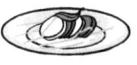

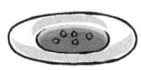

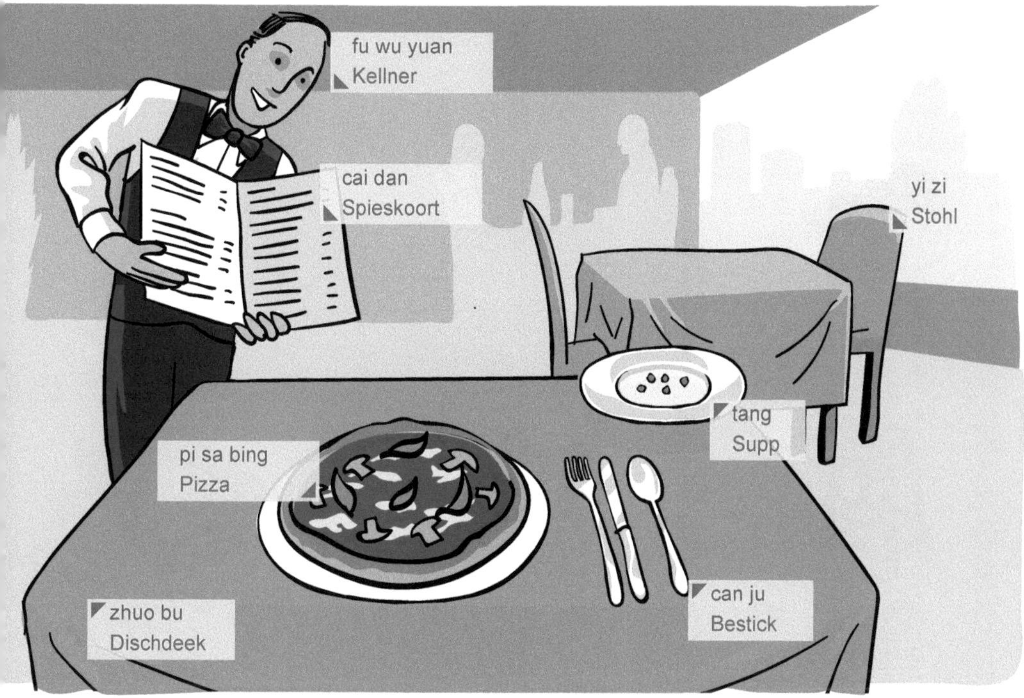
fu wu yuan
Kellner
cai dan
Spieskoort
yi zi
Stohl
tang
Supp
pi sa bing
Pizza
zhuo bu
Dischdeek
can ju
Bestick

qian cai

Vörspies

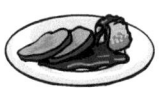

zhu cai

Haupteten

tian dian

Nadisch

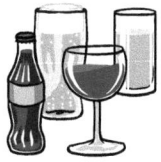

yin liao

Drünk

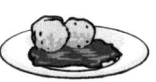

shi wu

Eten

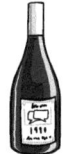

ping zi

Buddel

kuai can

Fastfood

jie bian xiao chi

Strateneten

cha hu

Teekann

tang he

Zuckerdoos

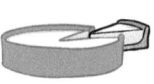

yi fen fan cai

Portschoon

yi shi ka fei ji

Espressomaschien

gao jiao yi

Hoochstohl

zhang dan

Reken

tuo pan

Tablett

dao

Mess

can cha

Gavel

shao zi

Lepel

cha chi

Teelepel

can jin

Munddook

bo li bei

Glas

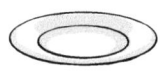

die zi

Töller

tang pan

Suppentöller

die zi

Ünnertass

jiang

Sooß

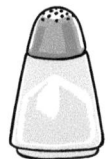

yan ping

Soltstreuer

hu jiao mo

Pepermöhl

cu

Etig

shi yong you

Ööl

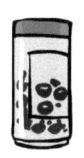

tiao wei liao

Krüder

fan qie jiang

Ketchup

jie mo

Mostrich

dan huang jiang

Mayonnaise

te jia
Anbott

gu ke
Kunn

ru zhi pin
Melkprodukten

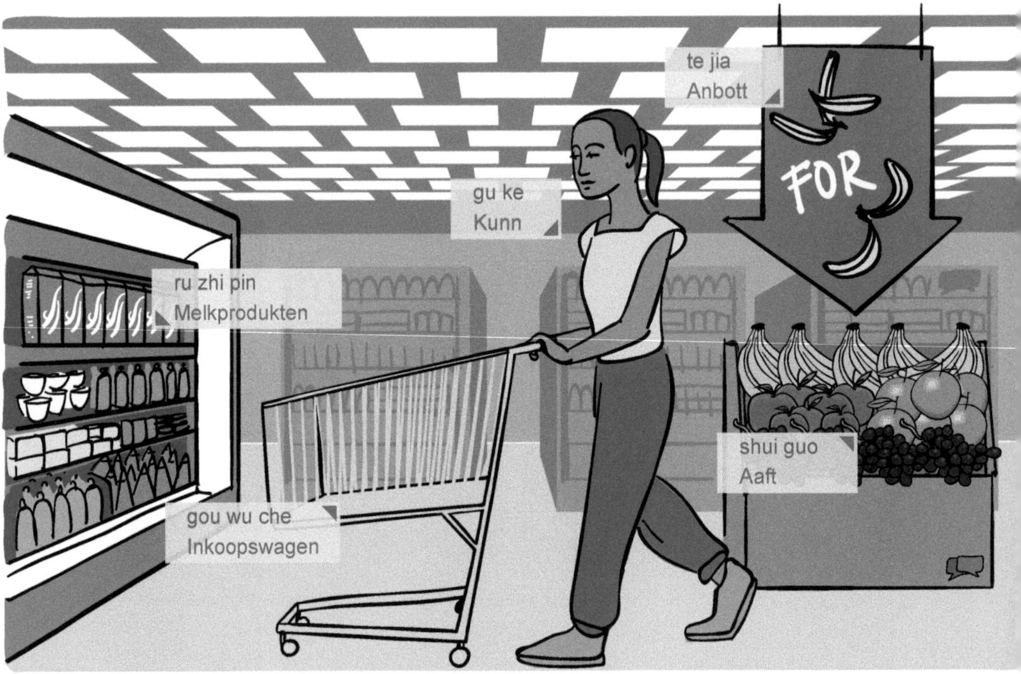

shui guo
Aaft

gou wu che
Inkoopswagen

rou pu	mian bao fang	cheng zhong
Slachterie	Bäckerie	wegen
	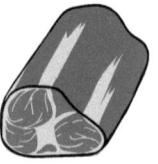	
shu cai	rou	leng dong shi pin
Gröönsaken	Fleesch	Deepköhlkost

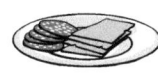

leng pan

Opsnitt

guan tou shi pin

Konserven

xi yi fen

Waschmiddel

tian shi

Snoopkraam

ri yong pin

Huushooltssaken

qing jie yong pin

Reinmaaktüüch

xiao shou yuan

Verköpersche

shou yin ji

Kass

shou yin yuan

Kasserer

gou wu qing dan

Inkoopslist

kai fang shi jian

Opsparrtieden

qian bao

Breeftasch

xin yong ka

Kreditkoort

dai zi

Tasch

su liao dai

Plastiktüüt

shui

Water

guo zhi

Saft

niu nai

Melk

ke le

Cola

hong jiu

Wien

pi jiu

Beer

jiu

Spriet

ke ke

Kakao

cha

Tee

ka fei

Koffie

yi shi nong suo ka fei

Espresso

ka bu qi nuo

Cappucino

xiang jiao

Banaan

ping guo

Appel

cheng zi

Appelsien

xi gua

Meloon

ning meng

Zitroon

hu luo bo

Wöttel

da suan

Knuuvlook

zhu zi

Bambus

yang cong

Zibbel

mo gu

Poggenstohl

jian guo

Nööt

mian tiao

Nudeln

yi da li mian tiao

Spaghetti

mi fan

Ries

sha la

Salat

shu tiao

Pommes frites

zha tu dou

Braadkantüffeln

pi sa bing

Pizza

han bao bao

Hamborger

san ming zhi

Sandwich

zha zhu pai

Snitzel

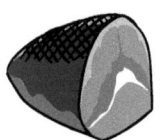

huo tui

Schinken

sa la mi

Salami

xiang chang

Wust

ji rou

Hohn

kao rou

Braden

yu

Fisch

yan mai pian

Haverflocken

mu zi li

Müsli

yu mi pian

Cornflakes

mian fen

Mehl

yang jiao mian bao

Croissant

mian bao juan

Rundstück

mian bao

Broot

kao mian bao

Toast

bing gan

Keksen

huang you

Botter

ning ru

Quark

dan gao

Koken

dan

Ei

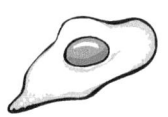

jian dan

Spegelei

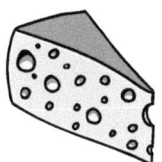

nai lao

Kees

bing ji lin

les

tang

Zucker

feng mi

Honnig

guo jiang

Marmelaad

qiao ke li jiang

Nougat-Creme

ga li fan

Curry

nong chang
Buernhoff

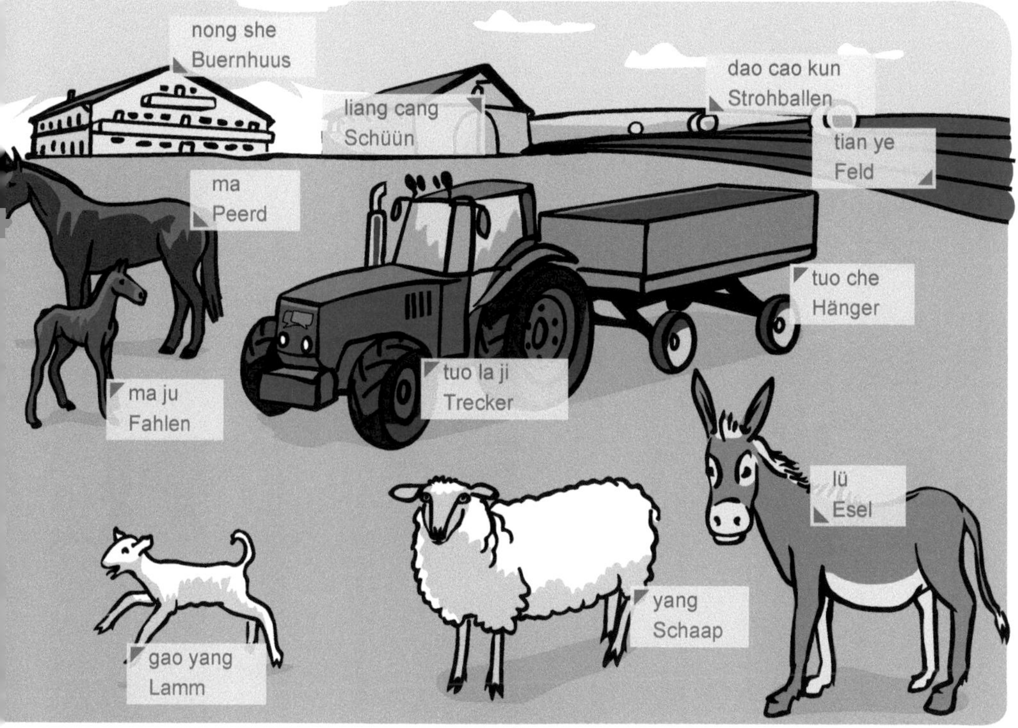
nong she
Buernhuus
liang cang
Schüün
dao cao kun
Strohballen
tian ye
Feld
ma
Peerd
tuo che
Hänger
tuo la ji
Trecker
ma ju
Fahlen
lü
Esel
yang
Schaap
gao yang
Lamm

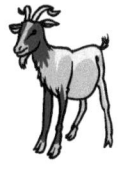

shan yang

Zeeg

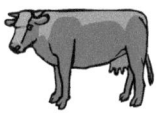

nai niu

Koh

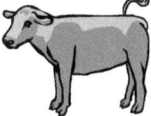

niu du

Kalf

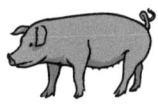

zhu

Swien

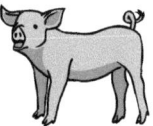

xiao zhu

Farken

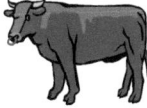

gong niu

Bull

e

Goos

ya

Aant

xiao ji

Küken

mu ji

Hohn

gong ji

Hahn

shu

Rott

mao

Katt

lao shu

Muus

niu

Oss

gou

Hund

gou wu

Hunnenhütt

hua yuan jiao shui ruan guan

Goornslauch

sa shui hu

Geetkann

chang bing da lian dao

Lee

li

Ploog

lian dao
Sich

chu tou
Hack

chang bing cao pa
Mestfork

fu tou
Ext

du lun shou tui che
Schuufkoor

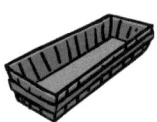

si liao cao
Trog

niu nai guan
Melkkann

ma bu dai
Sack

zha lan
Tuun

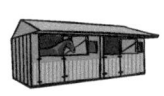

ma jiu
Stall

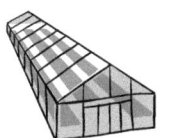

wen shi
Drievhuus

tu rang
Bodden

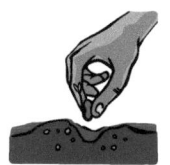

zhong zi
Saat

fei liao
Dünger

lian he shou ge ji
Meihdöscher

shou ge

oornen

shou ge

Oorn

shan yao

Yamswöttel

xiao mai

Weten

da dou

Soja

tu dou

Kantüffel

yu mi

Törksche Weten

you cai zi

Rapp

guo shu

Aaftboom

shu shu

Troopsch Kantüffel

gu wu

Koorn

fang zi
Huus

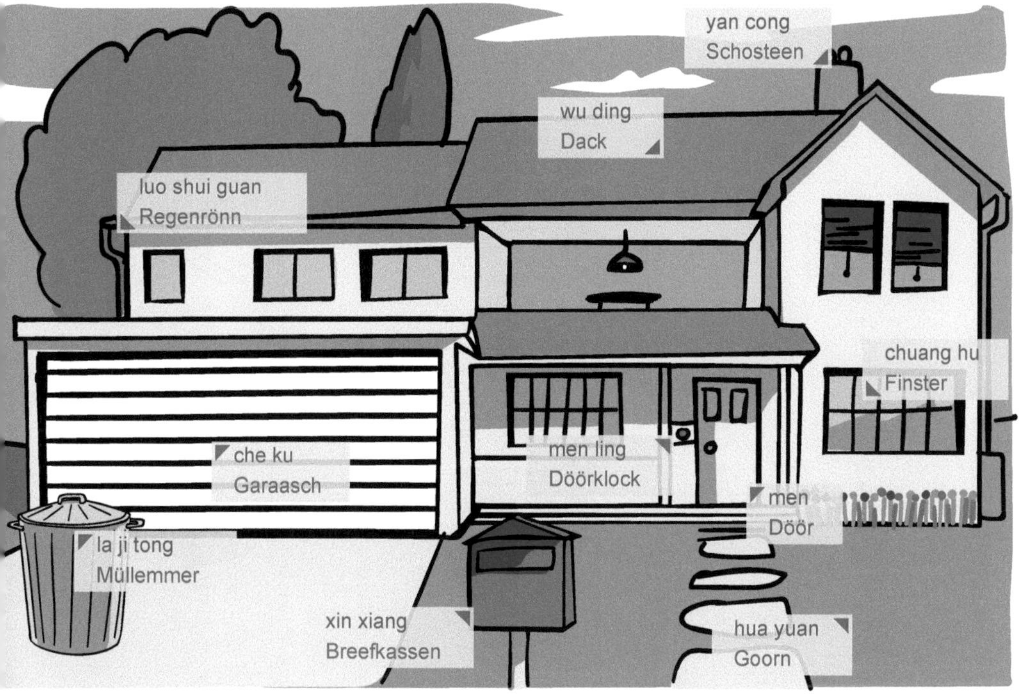

yan cong
Schosteen
wu ding
Dack
luo shui guan
Regenrönn
chuang hu
Finster
che ku
Garaasch
men ling
Döörklock
men
Döör
la ji tong
Müllemmer
xin xiang
Breefkassen
hua yuan
Goorn

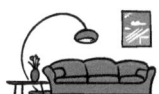

ke ting
Wahnstuuv

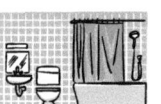

yu shi
Baadstuuv

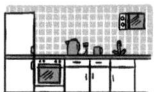

chu fang
Köök

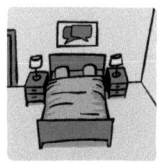

wo shi
Slaapstuuv

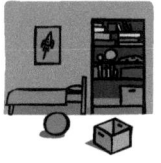

er tong fang
Kinnerstuuv

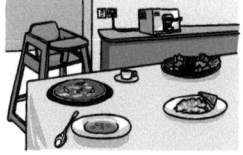

can ting
Eetstuuv

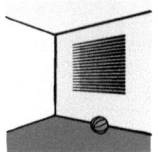

di ban

Footbodden

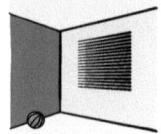

qiang bi

Wand

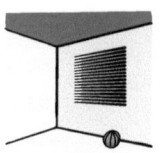

diao ding

Deek

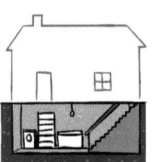

di jiao

Keller

sang na

Hittluftbad

yang tai

Balkon

lu tai

Terrass

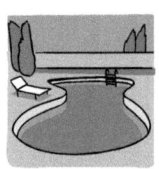

you yong chi

Swümmbad

ge cao ji

Rasenmeiher

bei dan

Bettbetog

chuang zhao

Bettdeek

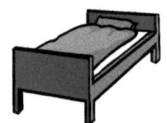

chuang

Puuch

sao zhou

Bessen

shui tong

Emmer

kai guan

Schalter

ke ting

Wahnstuuv

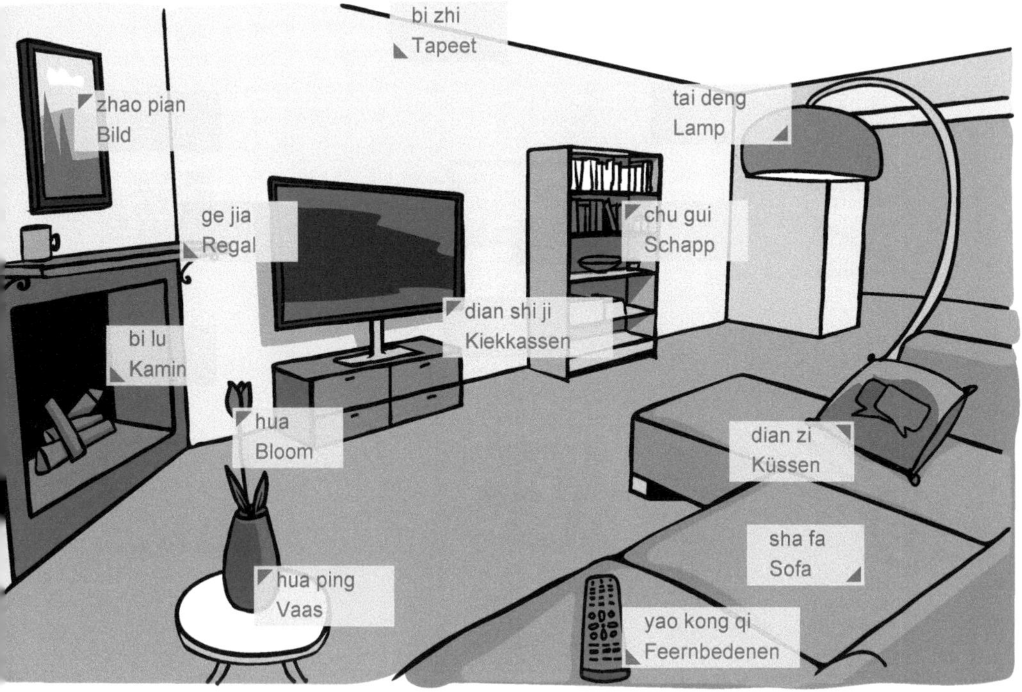

bi zhi
Tapeet
zhao pian
Bild
tai deng
Lamp
ge jia
Regal
chu gui
Schapp
dian shi ji
Kiekkassen
bi lu
Kamin
hua
Bloom
dian zi
Küssen
sha fa
Sofa
hua ping
Vaas
yao kong qi
Feernbedenen

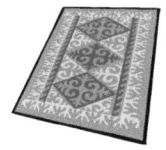

di tan

Teppich

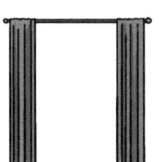

chuang lian

Vörhang

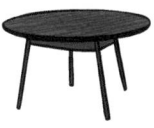

can zhuo

Disch

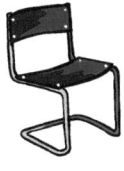

yi zi

Stohl

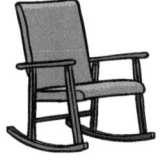

yao yi

Schuckelstohl

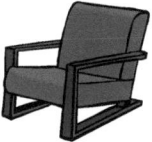

fu shou yi

Sessel

shu

Book

tan zi

Deek

zhuang shi pin

Dekoratschoon

mu chai

Füerholt

dian ying

Film

gao bao zhen yin xiang

Stereoanlaag

yao shi

Slötel

bao zhi

Narichtenblatt

you hua

Gemälde

hai bao

Poster

shou yin ji

Radio

bi ji ben

Opschrievblock

xi chen qi

Huulbessen

xian ren zhang

Kaktus

la zhu

Kars

chu fang
Köök

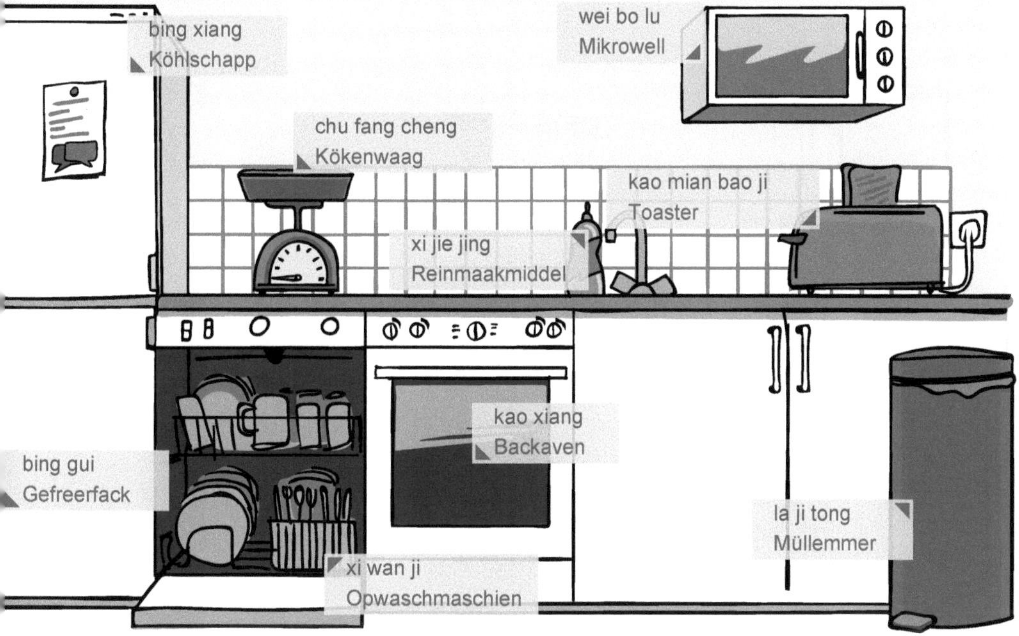
bing xiang
Köhlschapp
wei bo lu
Mikrowell
chu fang cheng
Kökenwaag
kao mian bao ji
Toaster
xi jie jing
Reinmaakmiddel
kao xiang
Backaven
bing gui
Gefreerfack
la ji tong
Müllemmer
xi wan ji
Opwaschmaschien

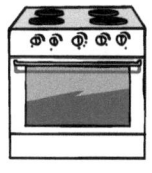

chui ju

Heerd

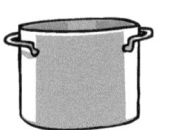

guo

Pott

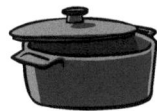

zhu tie guo

Gussiesern Putt

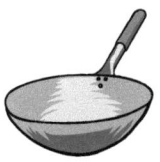

sha guo

Wok / Kadai

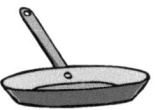

ping di guo

Pann

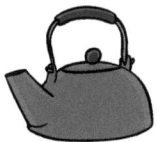

shui hu

Waterkaker

zheng guo

Dampkaakputt

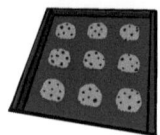

kao pan

Backblick

tao ci guo

Geschirr

ma ke bei

Beker

wan

Schaal

kuai zi

Eetsticken

chang bing shao

Suppenkell

chan zi

Pannenwenner

jiao ban qi

Sneebessen

lü wang

Kaakseef

shai zi

Seef

mo sui ji

Riev

yan bo

Mörser

shao kao

Grill

ming huo

Füerstell

cai ban

Sniedbrett

gan mian zhang

Nudelholt

kai ping qi

Proppentrecker

guan zi

Doos

kai ping qi

Dosenaapner

ge re shou tao

Pottlappen

shui cao

Waschbecken

shua zi

Böst

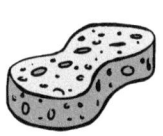

hai mian

Swamm

jiao ban ji

Mixer

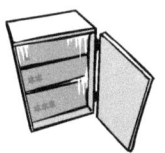

leng cang xiang

lesschapp

nai ping

Nuckelbuddel

shui long tou

Waterhahn

yu shi

Baadstuuv

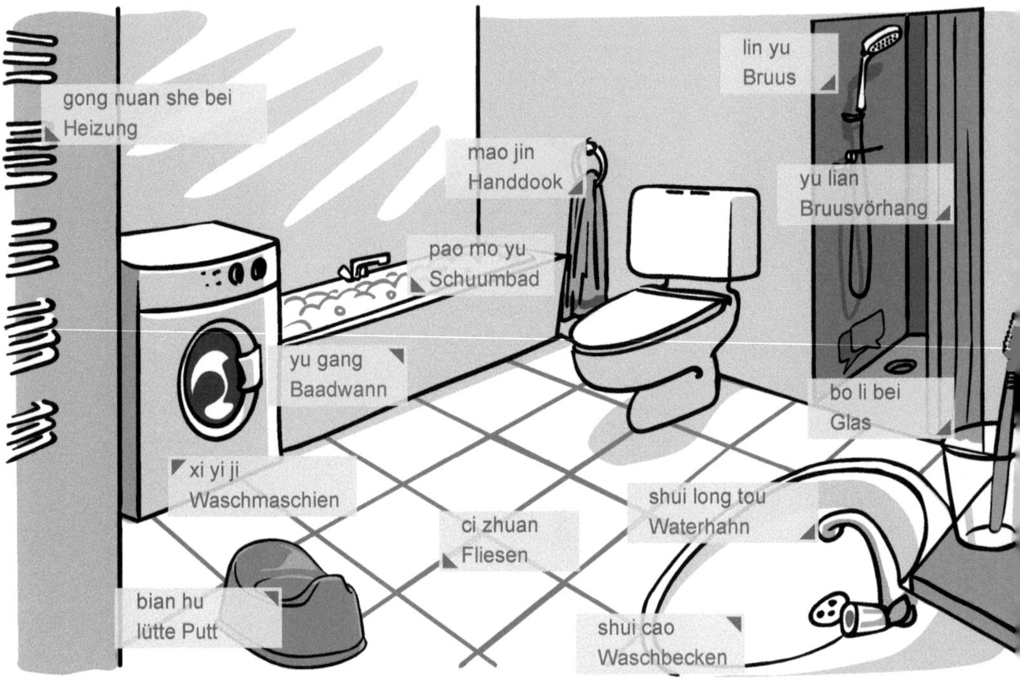

lin yu
Bruus
gong nuan she bei
Heizung
mao jin
Handdook
yu lian
Bruusvörhang
pao mo yu
Schuumbad
yu gang
Baadwann
bo li bei
Glas
xi yi ji
Waschmaschien
shui long tou
Waterhahn
ci zhuan
Fliesen
bian hu
lütte Putt
shui cao
Waschbecken

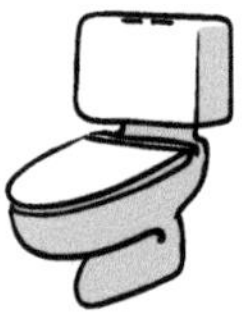

ce suo
Tante Meier

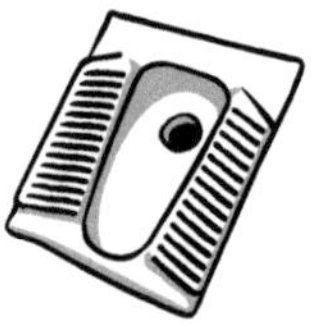

dun bian qi
Hockklo

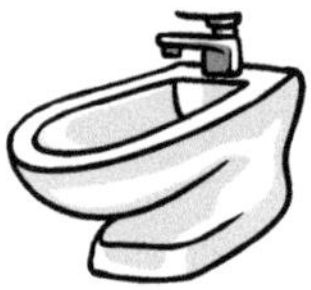

zuo yu qi
Bidet

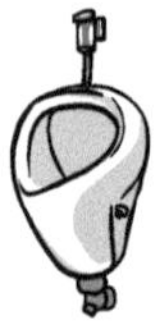

xiao bian chi
Miegbecken

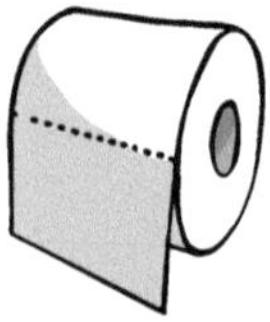

ce zhi
Klopapeer

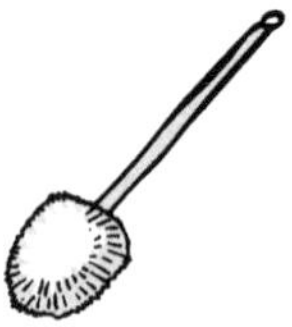

ma tong shua
Klobôst

ya shua

Tähnböst

ya gao

Tähnpast

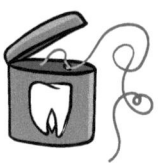

ya xian

Tähnsied

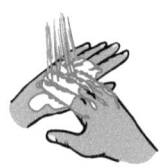

xi

waschen

shou chi shi pen lin tou

Handbruus

chong xi qi

Intimbruus

xi lian pen

Waschschöttel

ca bei shua

Rüchböst

fei zao

Seep

mu yu lu

Bruusgeel

xi fa shui

Hoorwaschmiddel

fa lan rong

Waschlappen

pai shui

Afloop

ru shuang

Creme

chu chou ji

Deodorant

jing zi

Spegel

shou jing

Kosmetikspegel

ti xu dao

Raserer

ti xu pao mo

Raseerschuum

xu hou shui

Raseerwater

shu zi

Kamm

shua zi

Böst

chui feng ji

Hoordröger

pen fa ding xing ji

Hoorspray

hua zhuang pin

Smink

chun gao

Lippensticken

zhi jia you

Nagellack

hua zhuang mian

Watt

zhi jia jian

Nagelscheer

xiang shui

Rüükwater

xi shu bao

Kulturbüdel

deng zi

Schemel

ji zhong cheng

Waag

yu pao

Baadmantel

xiang jiao shou tao

Gummihanschen

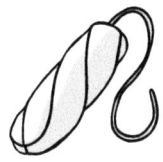

wei sheng mian tiao

Tampon

wei sheng jin

Damenbinn

hua xue ce suo

Chemieklo

er tong fang
Kinnerstuuv

nao zhong
Wecker
mao rong wan ju
Knudeldeert
wan ju che
Speeltüüchauto
bo lang gu
Klöter
wan ju wu
Poppenhuus
li wu
Geschenk

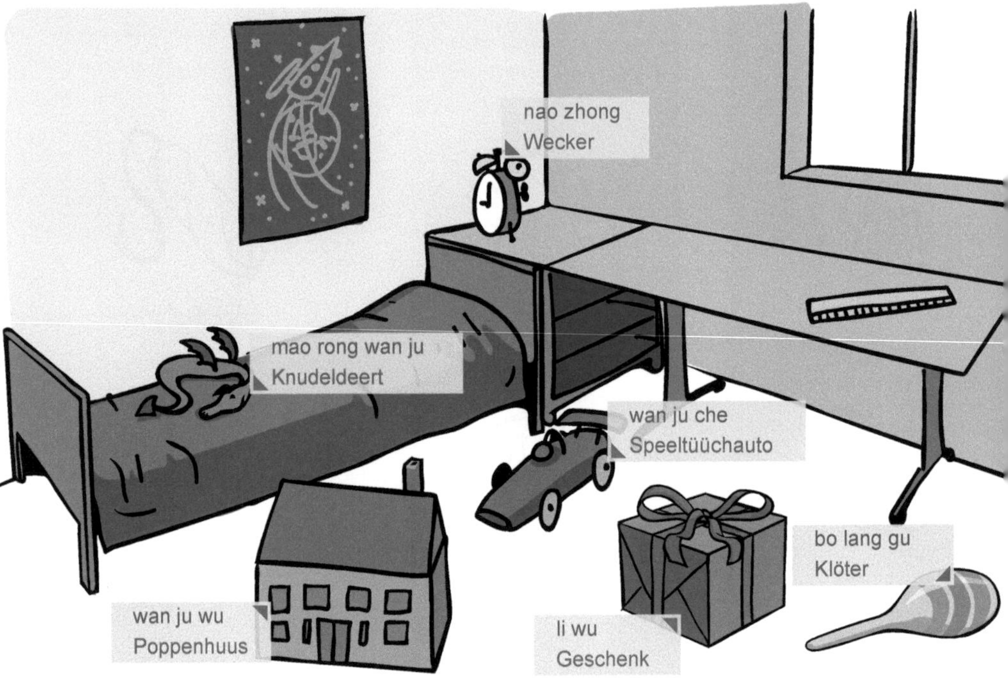

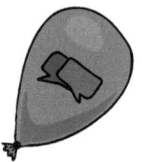

qi qiu

Luftballon

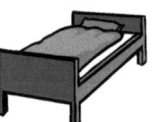

chuang

Puuch

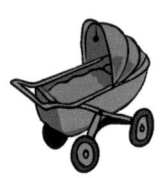

(yang wa wa yong)ying er che

Kinnerwagen

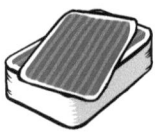

pu ke pai

Koortenspeel

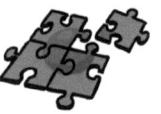

pin tu

Puzzle

man hua

Billergeschicht

le gao ji mu

Legostenen

ji mu wan ju

Bustenen

wan ju ren

Action-Figur

ying er fu

Strampelantog

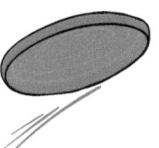

fei pan

Frisbeeschiev

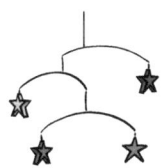

chuang ling wan ju

Mobile

qi pan you xi

Brettspeel

shai zi

Wörpel

huo che mo xing

Modelliesenbahn

an fu nai zui

Snuller

ju hui

Party

hui ben

Billerbook

qiu

Ball

yang wa wa

Popp

wan

spelen

sha keng

Sandkassen

qiu qian

Schuckel

wan ju

Speeltüüch

you xi ji

Speelkonsool

san lun che

Dreerad

tai di xiong

Teddyboor

yi chu

Klederschapp

yi fu
Tüüch

wa zi

Socken

chang wa

Strümp

jin shen ku

Strumpbüx

wei jin
Halsdook

pi dai
Liefreem

yu san
Paraplü

T xu
T-Shirt

xue zi
Stevel

tuo xie
Puuschen

yun dong xie
Turnschoh

liang xie
Sandalen

xie
Schoh

yu xue
Gummistevel

nei ku
Ünnerbüx

xiong zhao
Bostholler

bei xin
Ünnerhemd

yi fu - Tüüch

shen ti

Lief

ku zi

Büx

niu zai ku

Jeansnüx

duan qun

Rock

nü shi chen shan

Bluus

chen shan

Hemd

tao tou shan

Pullover

wei yi

Kapuzenpullover

xi zhuang jia ke

Blazer

jia ke

Jack

wai tao

Mantel

yu yi

Övertrecker

tao zhuang

Kostüm

lian yi qun

Kleed

hun sha

Hochtietskleed

xi zhuang

Antog

shui pao

Nachtkleed

shui yi

Slaapantog

sha li

Sari

tou jin

Koppdook

bao tou jin

Turban

bo ka

Burka

ka fu tan

Kaftan

(a la bo shi)chang pao

Abaya

yong yi

Baadantog

nan shi yong ku

Baadbüx

duan ku

Korte Büx

yun dong fu

Antog to'n Öven

wei qun

Schört

shou tao

Handschoh

niu kou

Knopp

yan jing

Brill

shou lian

Armband

xiang lian

Halskeed

jie zhi

Ring

er huan

Ohrbummel

bian mao

Mütz

yi jia

Klederbögel

mao zi

Hoot

ling dai

Binner

la lian

Rietslüter

tou kui

Helm

bei dai

Drachtband

xiao fu

Schooluniform

zhi fu

Uniform

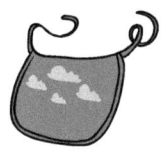

wei dou

Severböten

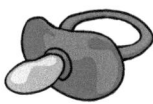

an fu nai zui

Snuller

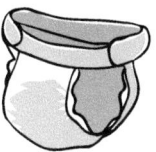

niao bu shi

Winnel

ban gong shi
Büro

fu wu qi
Server
wen jian gui
Aktenschapp
da yin ji
Drucker
zhi
Papeer
xian shi ping
Bildschirm
shu biao
Muus
ban gong zhuo
Schrievdisch
wen jian jia
Orner
jian pan
Knoopboord
fei zhi kuang
Papeerkorf
dian nao
Computer
yi zi
Stohl

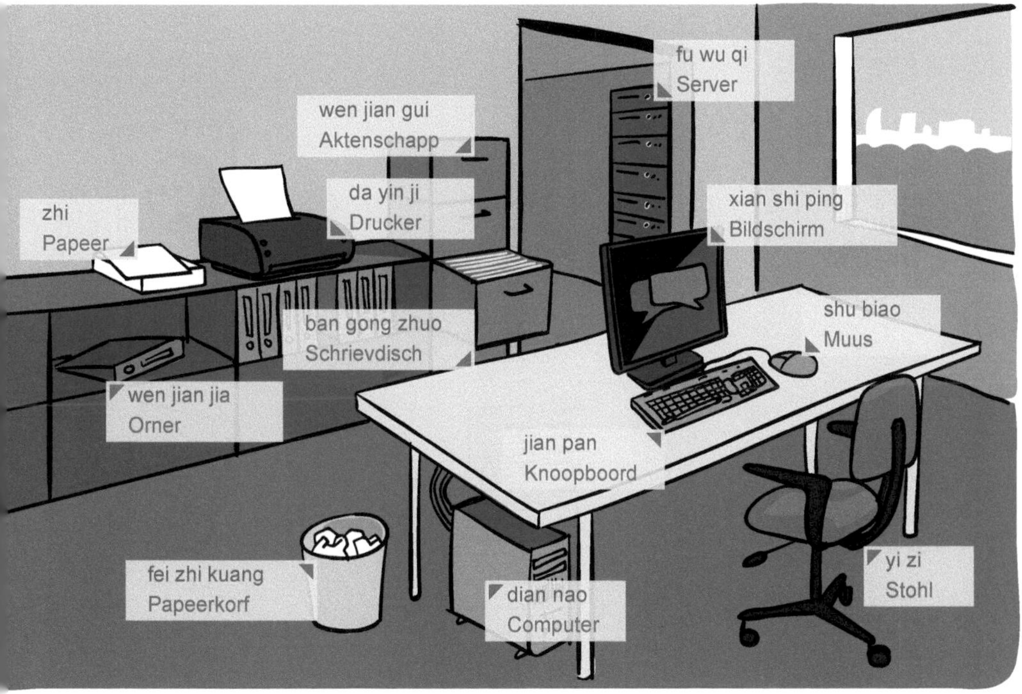

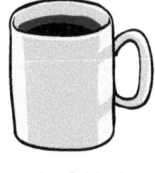

ka fei bei

Koffiebeker

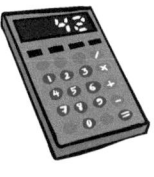

ji suan qi

Taschenreekner

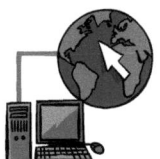

yin te wang

Internet

bi ji ben dian nao

Klappreekner

xin jian

Breef

xiao xi

Naricht

shou ji

Ackersnacker

wang luo

Nettwark

fu yin ji

Kopeerapparat

ruan jian

Software

dian hua

Klöönkassen

cha zuo

Steekdoos

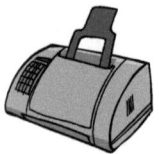

chuan zhen ji

Faxapparat

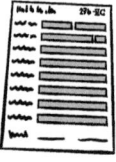

biao ge

Formulor

wen jian

Dokument

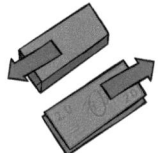

mai

köpen

fu qian

betahlen

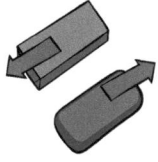

jiao yi

hanneln

xian jin

Geld

mei yuan

Dollar

ou yuan

Euro

ri yuan

Yen

lu bu

Ruvel

rui shi fa lang

Swiezer Franken

ren min bi

Renminbi Yuan

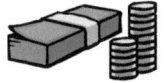

lu bi

Rupie

ti kuan chu

Geldautomat

wai bi dui huan chu

Wesselstuuv

jin

Gold

yin

Sülver

shi you

Ööl

neng yuan

Energie

jia ge

Pries

he tong

Verdrag

shui jin

Stüer

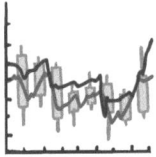

gu piao

Andeelschien

gong zuo

arbeiden

zhi yuan

Anstellte

lao ban

Arbeitgever

gong chang

Fabrik

shang dian

Hökerie

zhi ye
Profeschonen

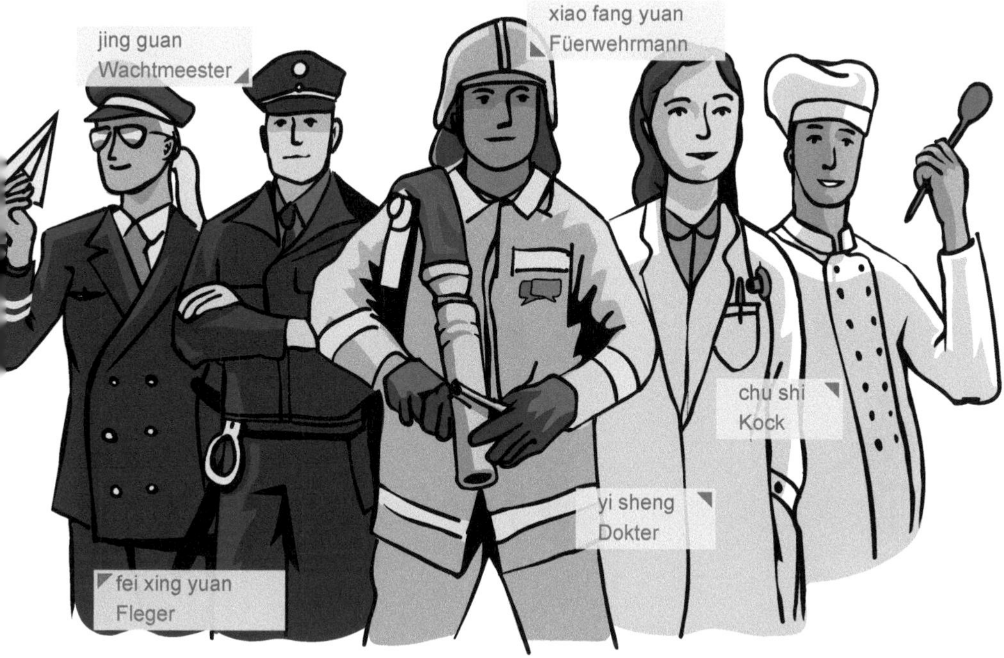

jing guan
Wachtmeester
xiao fang yuan
Füerwehrmann
chu shi
Kock
yi sheng
Dokter
fei xing yuan
Fleger

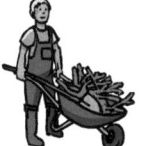

yuan ding

Goorner

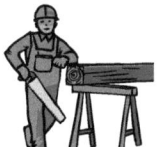

mu jiang

Discher

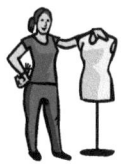

cai feng

Neihersche

fa guan

Richter

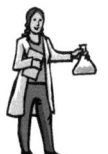

hua xue jia

Chemiker

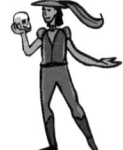

yan yuan

Schauspeler

gong jiao che si ji

Busfohrer

chu zu che si ji

Taxifohrer

yu fu

Fischer

qing jie nü gong

Reinmaakfru

wu ding gong

Dackdecker

fu wu yuan

Kellner

lie ren

Jäger

hua jia

Maler

mian bao shi

Bäcker

dian gong

Elektriker

jian zhu gong ren

Buarbeider

gong cheng shi

Ingenieur

tu fu

Slachter

shui guan gong

Klempner

you di yuan

Postbüdel

shi bing

Suldat

jian zhu shi

Architekt

shou yin yuan

Kasserer

hua nong

Florist

li fa shi

Putzbüdel

shou piao yuan

Schaffner

ji xie shi

Mechaniker

chuan zhang

Kaptein

ya yi

Tähndokter

ke xue jia

Wetenschopler

la bi

Rabbi

yi ma mu

Imam

he shang

Mönk

mu shi

Paap

gong ju
Warktüüch

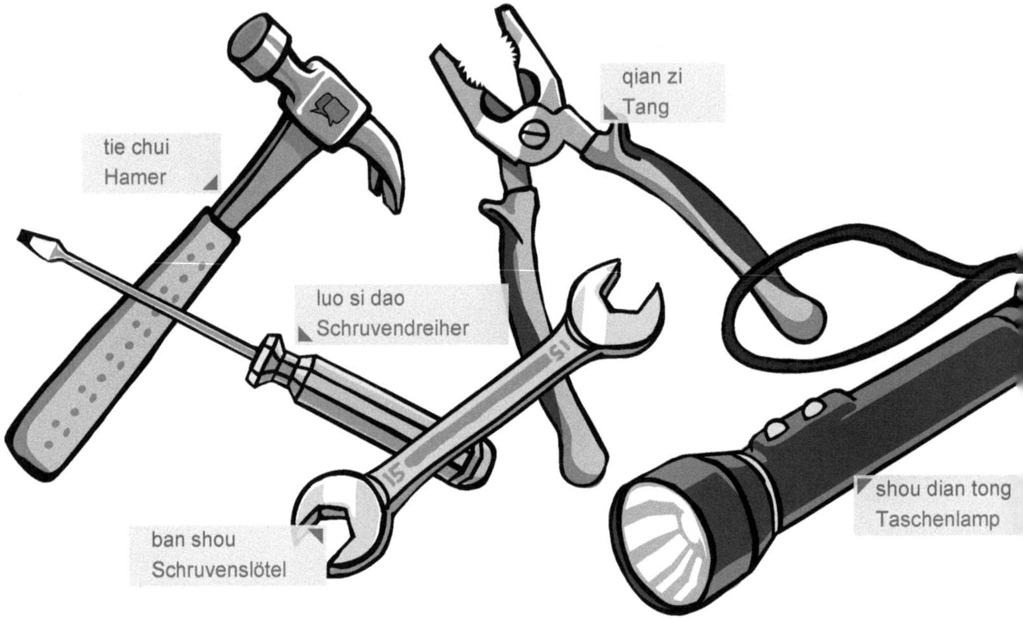
tie chui
Hamer
qian zi
Tang
luo si dao
Schruvendreiher
shou dian tong
Taschenlamp
ban shou
Schruvenslötel

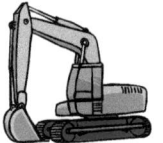

wa jue ji

Grieper

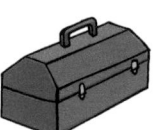

gong ju xiang

Warktüüchkassen

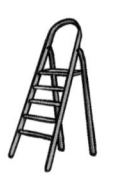

ti zi

Ledder

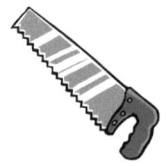

ju zi

Saag

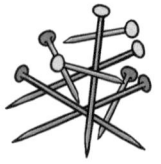

ding zi

Nagels

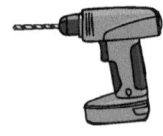

zuan ji

Bohrer

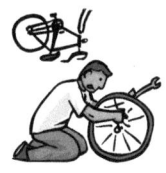

xiu

heelmaken

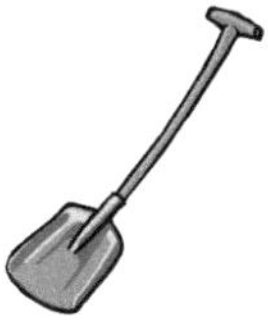

chan zi

Schüffel

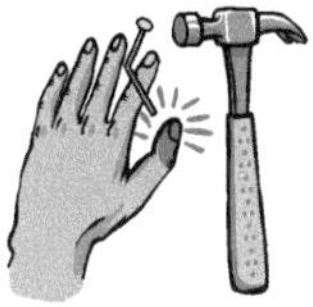

kao!

Schiet!

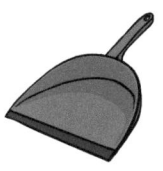

bo ji

Kehrblick

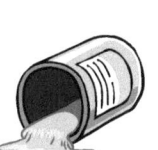

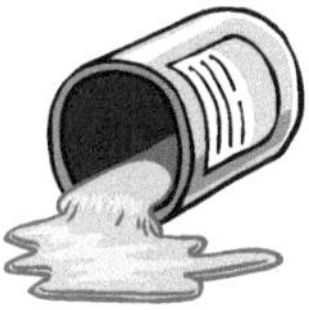

you qi tong

Farvpott

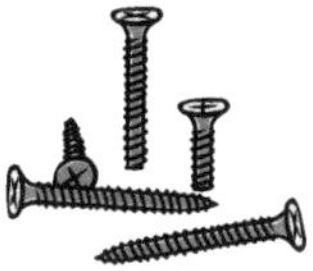

luo si

Schruven

yue qi
Musikinstrumenten

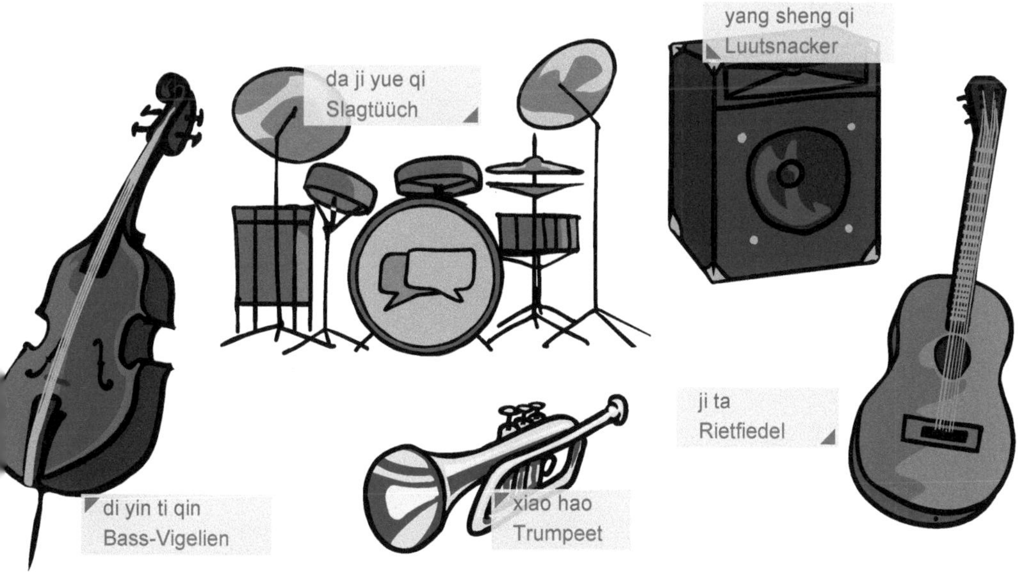
yang sheng qi
Luutsnacker
da ji yue qi
Slagtüüch
ji ta
Rietfiedel
di yin ti qin
Bass-Vigelien
xiao hao
Trumpeet

gang qin

Klaveer

xiao ti qin

Vigelien

bei si

Bass

ding yin gu

Pauk

gu

Trummeln

dian zi qin

Keyboard

sa ke si guan

Saxophon

chang di

Fleut

mai ke feng

Mikrofoon

dong wu yuan
Deertenpark

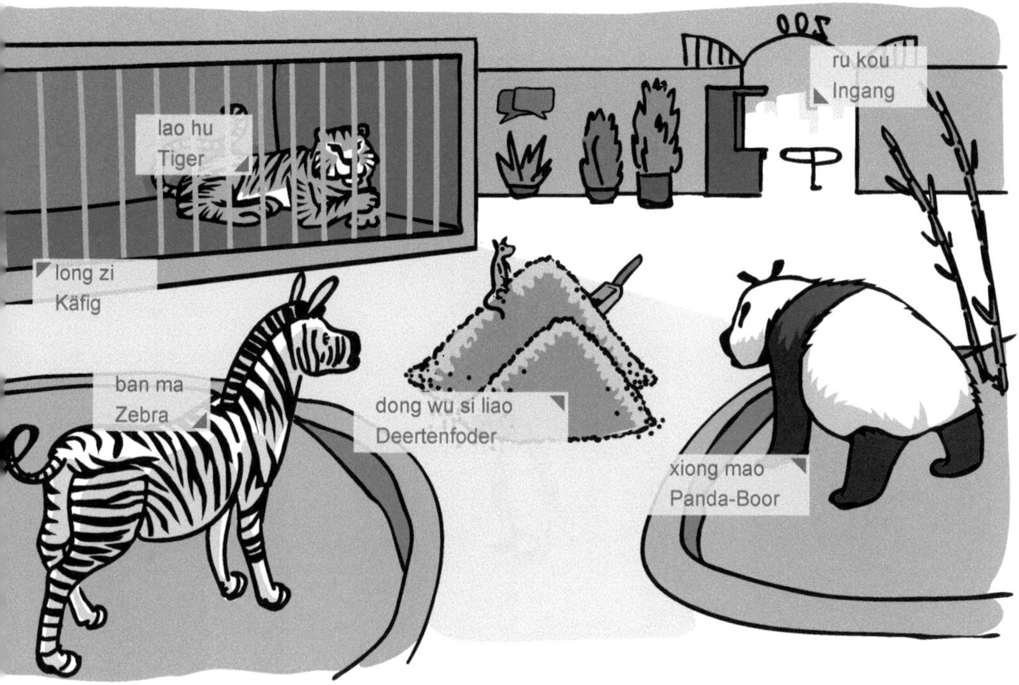
lao hu
Tiger
ru kou
Ingang
long zi
Käfig
ban ma
Zebra
dong wu si liao
Deertenfoder
xiong mao
Panda-Boor

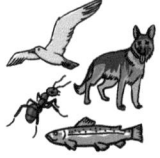

dong wu
Deerten

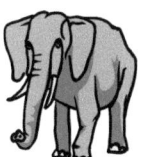

da xiang
Elefant

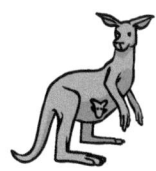

dai shu
Känguru

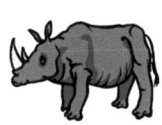

xi niu
Neeshoorn

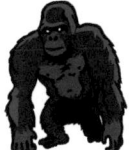

da xing xing
Gorilla

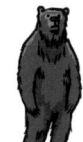

xiong
Boor

luo tuo

Kameel

tuo niao

Struuß

shi zi

Lööv

hou zi

Aap

huo lie niao

Flamingo

ying wu

Papagoi

bei ji xiong

lesboor

qi e

Pinguin

sha yu

Haifisch

kong que

Pageluun

she

Slang

e yu

Krokodil

dong wu yuan guan li yuan

Oppasser in'n Deertenpark

hai bao

Saalhund

mei zhou bao

Jaguor

ai zhong ma

Pony

bao

Leopard

he ma

Nilpeerd

chang jing lu

Giraff

lao ying

Aadler

ye zhu

Wildswien

yu

Fisch

gui

Schildkrööt

hai xiang

Walross

hu li

Voss

ling yang

Gazell

gan lan qiu
Amerikaansch Football

qi zi xing che
Radfohren

wang qiu
Tennis

lan qiu
Korfball

you yong
Swümmen

quan ji
Boxen

bing qiu
leshockey

ying shi zu qiu

Football

yu mao qiu

Fedderball

tian jing

Leichtathletik

shou qiu

Handball

hua xue

Skilopen

ma qiu

Polo

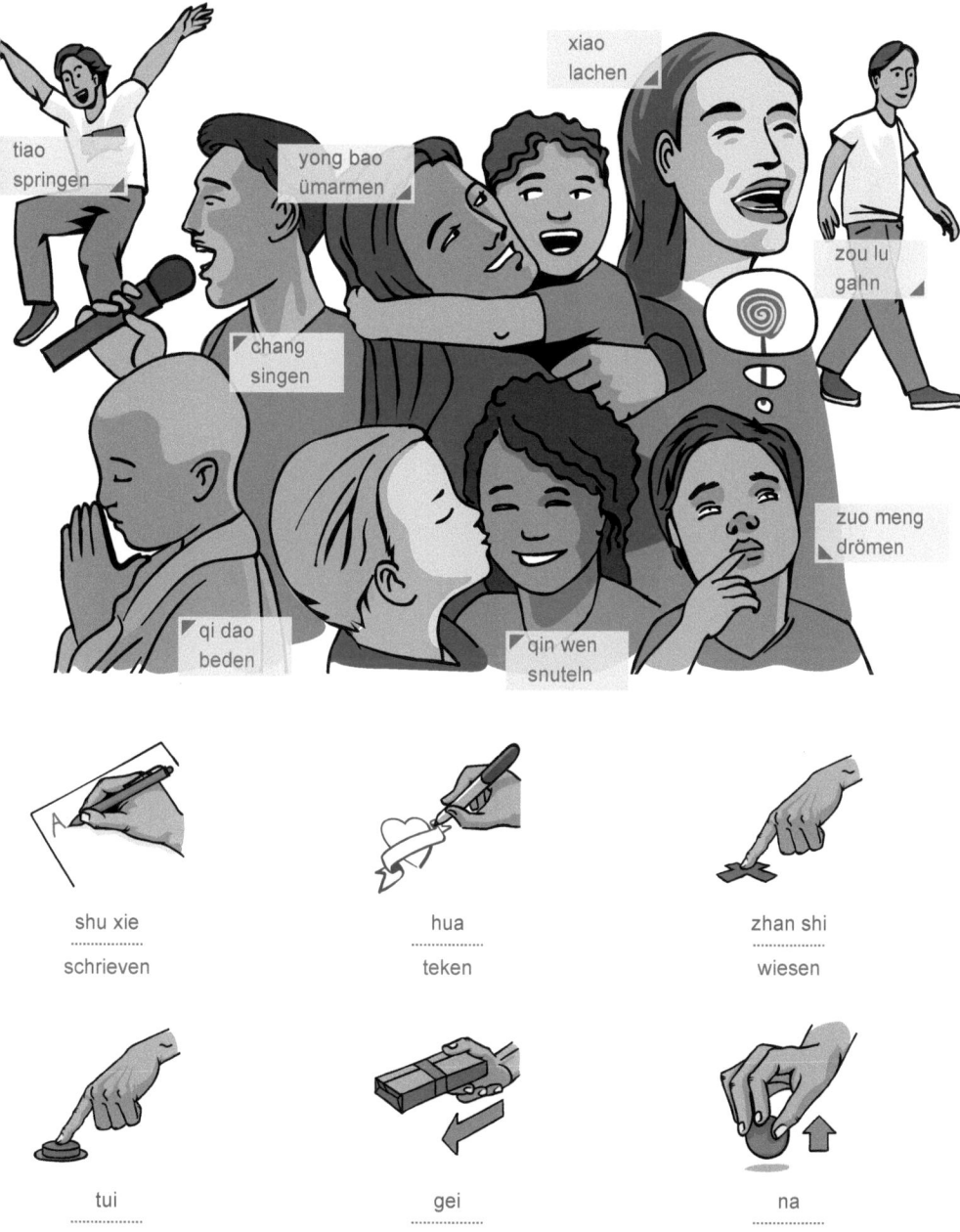

tiao
springen

xiao
lachen

yong bao
ümarmen

zou lu
gahn

chang
singen

zuo meng
drömen

qi dao
beden

qin wen
snuteln

shu xie
schrieven

hua
teken

zhan shi
wiesen

tui
drücken

gei
geven

na
nehmen

you
hebben

zuo
doon

dang
sien

zhan
stahn

pao
lopen

la
trecken

reng
smieten

shuai dao
fallen

tang
liggen

deng dai
töven

xie dai
dregen

zuo
sitten

chuan yi
antrecken

shui jiao
slapen

xing lai
opwaken

kan

ankieken

ku

wenen

fu mo

eien

shu tou

kämmen

jiao tan

snacken

ming bai

verstahn

wen

fragen

ting

hören

he

drinken

chi

eten

qing li

oprümen

ai

leefhebben

zuo fan

kaken

kai che

fohren

fei

flegen

hang xing

segeln

ji suan

reken

du

lesen

xue xi

lehren

gong zuo

arbeiden

jie hun

de Plünnen tohoopsmieten

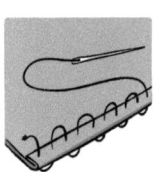

feng

neihen

shua ya

Tähnen putzen

sha

dootmaken

chou yan

smöken

ji

schicken

jia
Familje

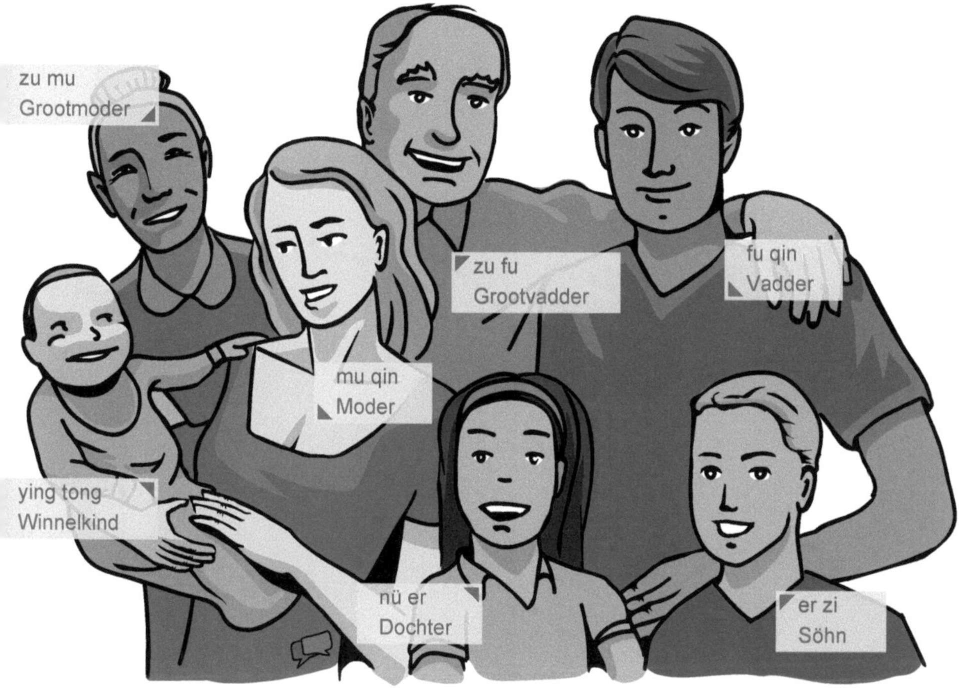

zu mu
Grootmoder
zu fu
Grootvadder
fu qin
Vadder
mu qin
Moder
ying tong
Winnelkind
nü er
Dochter
er zi
Söhn

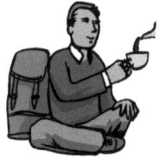

ke ren

Gast

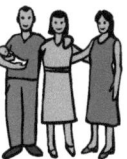

a yi

Tant

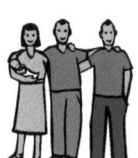

shu shu

Unkel

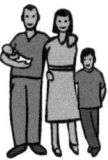

xiong di

Broder

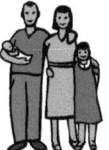

jie mei

Süster

shen ti
Lief

qian e
Vörkopp
yan jing
Oog
jian bang
Schuller
shou zhi
Finger
lian
Gesicht
xia ba
Kinn
shou
Hand
tui
Been
ru fang
Bost
shou bi
Arm

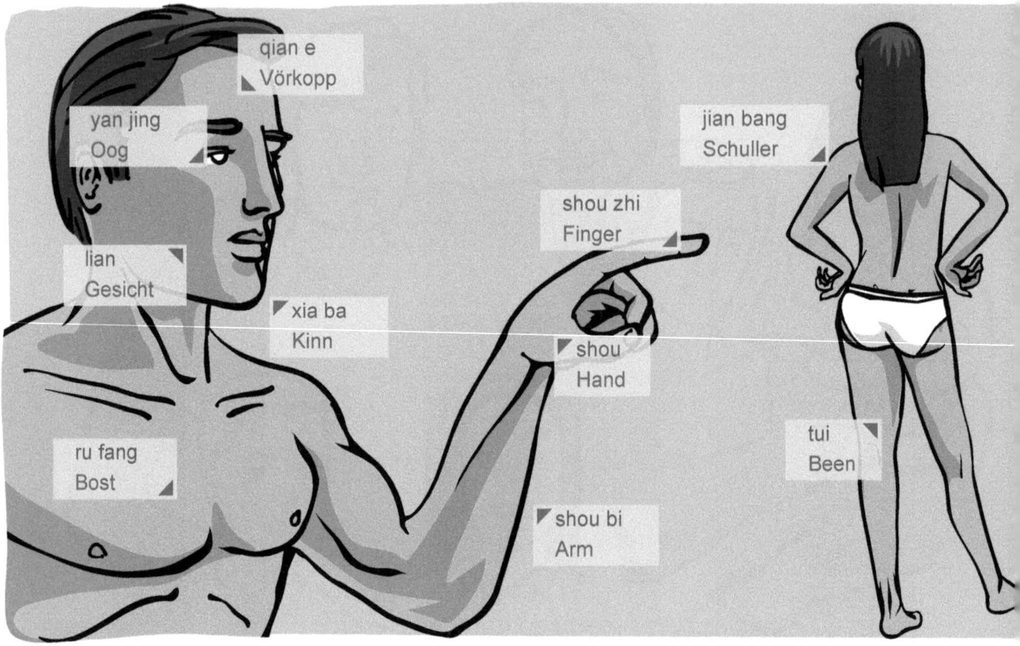

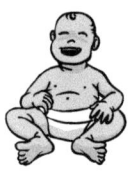

ying tong
Winnelkind

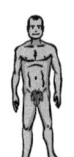

nan ren
Mann

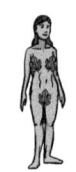

nü ren
Fro

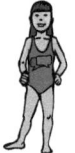

nü hai
Deern

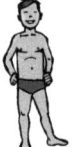

nan hai
Jung

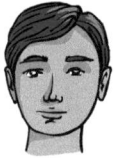

tou
Arm

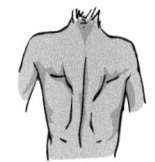

bei bu

Rüch

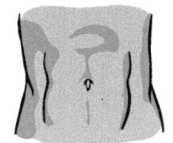

du zi

Buuk

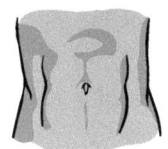

du qi

Navel

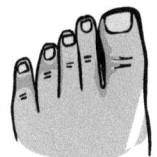

jiao zhi

Teh

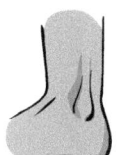

jiao hou gen

Hack

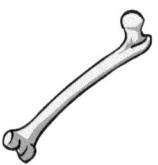

gu tou

Knaken

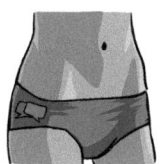

tun bu

Hüft

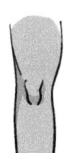

xi gai

Knee

shou zhou

Ellbagen

bi zi

Nees

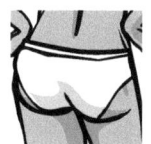

pi gu

Achtersen

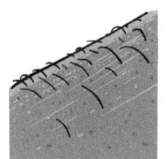

pi fu

Huut

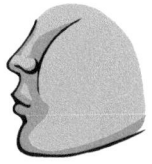

lian jia

Back

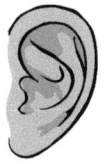

er duo

Ohr

zui chun

Lipp

zui

Mund

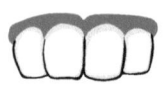

ya chi

Tähn

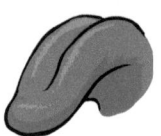

she tou

Tung

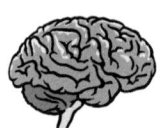

nao

Bregen

xin zang

Hart

ji rou

Muskel

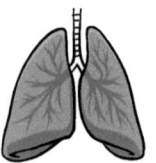

fei

Lung

gan zang

Lever

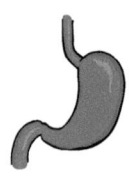

wei

Maag

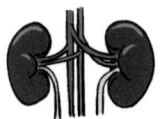

shen zang

Neren

xing jiao

Bislaap

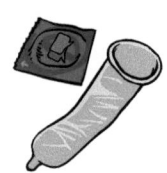

bi yun tao

Kondoom

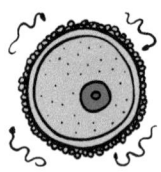

luan zi

Eizell

jing zi

Sperma

huai yun

Anner Ümstänn

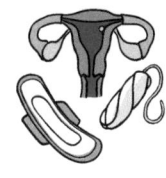

yue jing

Menstruatschoon

yin dao

Scheed

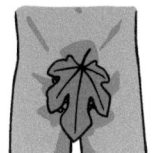

yin jing

Pint

mei mao

Ogenbroe

tou fa

Hoor

bo zi

Hals

yi yuan
Krankenhuus

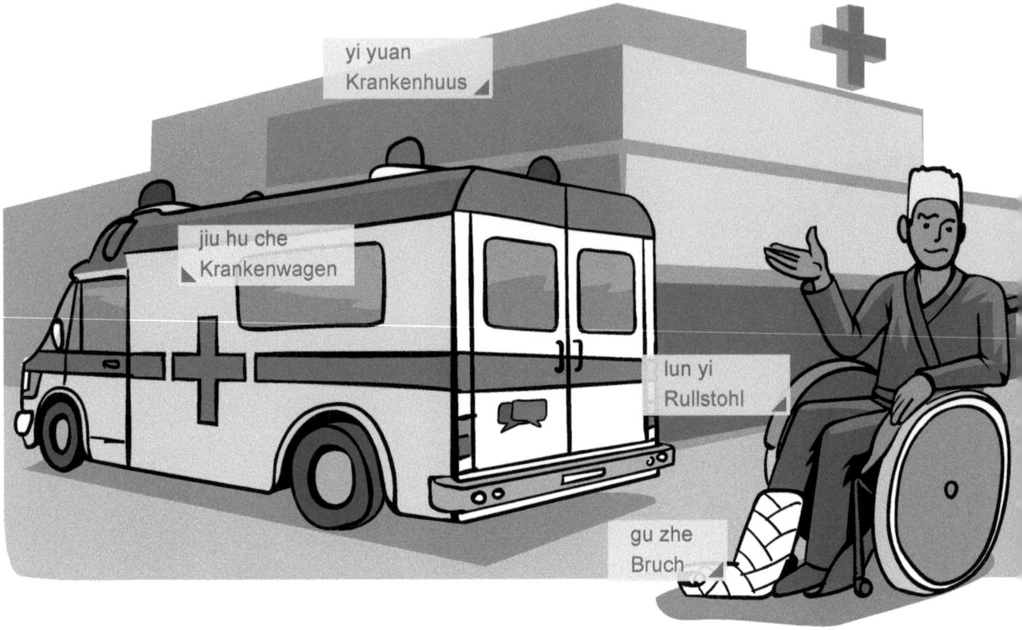

yi yuan
Krankenhuus
jiu hu che
Krankenwagen
lun yi
Rullstohl
gu zhe
Bruch

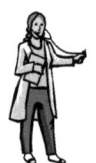

yi sheng

Dokter

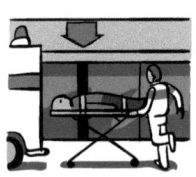

ji zhen shi

Nootopnahm

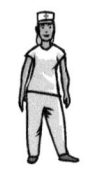

hu shi

Krankensüster

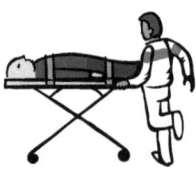

jin ji qing kuang

Nootfall

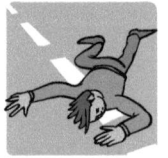

hun mi

ahnmächtig

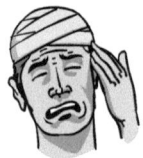

tong

Wehdaag

shou shang

Verwunnen

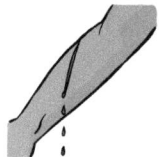

chu xue

Blöden

xin zang bing fa zuo

Hartinfarkt

zhong feng

Slaganfall

guo min

Allergie

ke sou

Hoosten

fa shao

Fever

liu gan

Gripp

fu xie

Dörchfall

tou tong

Koppwehdaag

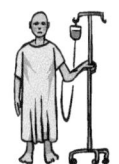

ai zheng

Kreeft

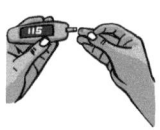

tang niao bing

Zuckersüük

wai ke yi sheng

Chirurg

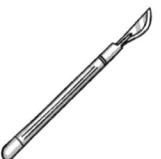

shou shu dao

Chirurgsch Mess

shou shu

Operatschoon

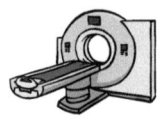

CT

CT

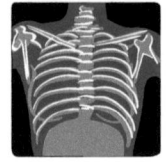

X guang

Dörchlüchten

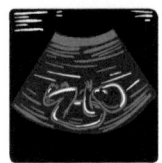

chao sheng bo

Ultraschall

kou zhao

Mask

ji bing

Krankheit

hou zhen shi

Töövruum

guai zhang

Krück

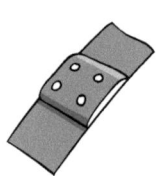

shi gao

Plaaster

beng dai

Verband

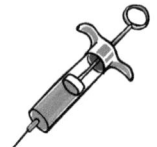

zhu she

Insprütten

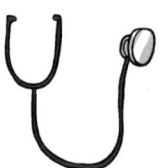

ting zhen qi

Stethoskop

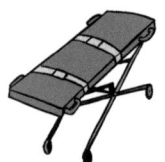

dan jia

Draag

ti wen ji

Feverthermometer

chu sheng

Geboort

chao zhong

Övergewicht

zhu ting qi

Höörapparat

xiao du ye

Kiemfriemiddel

gan ran

Ansteken

bing du

Virus

ai zi bing

HIV / AIDS

yao wu

Heelmiddel

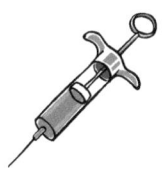

jie zhong yi miao

Impen

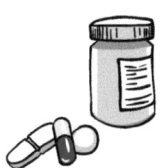

yao pian

Tabletten

yao wan

Pill

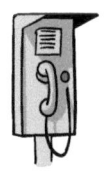

ji jiu dian hua

Nootroop

xue ya ji

Blootdruck-Meter

sheng bing/jian kang

krank / gesund

jiu ming!

Hölp!

jing bao

Alarm

tu ji

Överfall

gong ji

Angreep

wei xian

Gefohr

jin ji chu kou

Nootutgang

zhao huo la!

Füer!

mie huo qi

Füerlöscher

yi wai

Unfall

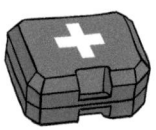

ji jiu xiang

Noothölpkoffer

hu jiu xin hao

SOS

jing cha

Polizei

ou zhou

Europa

bei mei zhou

Noordamerika

nan mei zhou

Süüdamerika

fei zhou

Afrika

ya zhou

Asien

ao zhou

Australien

da xi yang

Atlantik

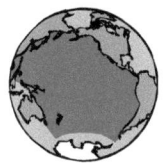

tai ping yang

Pazifik

yin du yang

Indisch Weltmeer

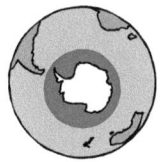

nan bing yang

Antarktisch Weltmeer

bei bing yang

Arktisch Weltmeer

bei ji

Noordpol

nan ji

Süüdpol

nan ji zhou

Antarktis

di qiu

Eerd

lu di

Land

hai

See

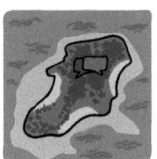

dao

Eiland

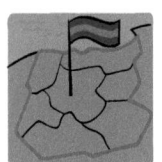

guo jia

Natschoon

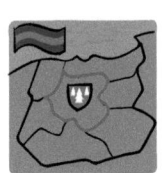

guo jia

Staat

zhong mian

Tallenblatt

shi zhen

Stunnenwieser

fen zhen

Minutenwieser

miao zhen

Sekunnenwieser

xian zai ji dian?

Wo laat is dat?

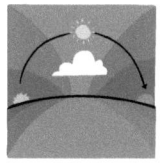

tian

Dag

shi jian

Tiet

xian zai

nu

dian zi biao

digetaalsch Klock

fen

Minuut

shi

Stunn

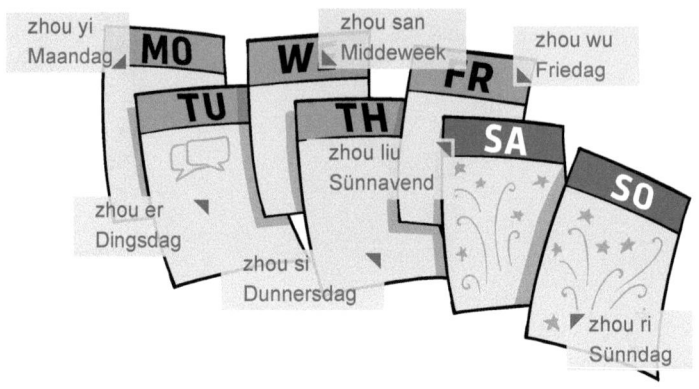

zhou yi
Maandag — MO

W zhou san
Middeweek

TU

zhou wu
Friedag

TH

SA

zhou er
Dingsdag

zhou liu
Sünnavend

SO

zhou si
Dunnersdag

zhou ri
Sünndag

zuo tian

güstern

jin tian

hüüt

ming tian

morgen

zao chen

Morgen

zhong wu

Meddag

wan shang

Avend

gong zuo ri

Arbeitsdaag

zhou mo

Wekenenn

nian
Johr

yu
Regen
cai hong
Regenbagen
feng
Wind
xue
Snee
chun
Fröhjohr
qiu
Harvst
xia
Sommer
dong
Winter

4.APRIL 11°
5.APRIL 4°
6.APRIL 13°
7.APRIL 8°
8.APRIL 10°

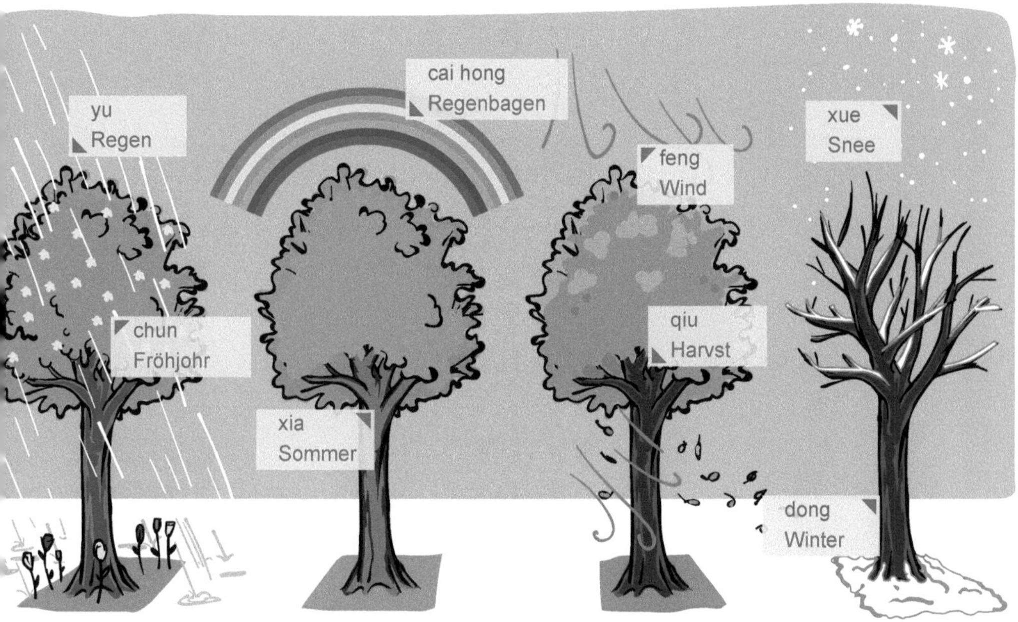

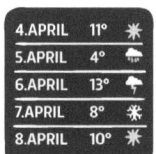

tian qi yu bao

Wedervörhersaag

F C
120 40
90 30
60 20
30 10
0 0
-30 -10
-20

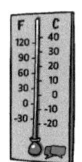

wen du ji

Thermometer

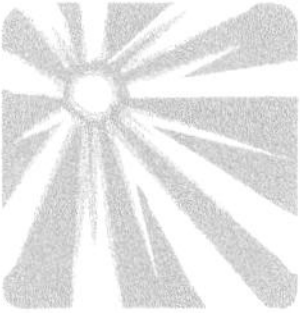

yang guang

Sünnenschien

yun

Wulk

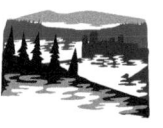

wu

Nevel

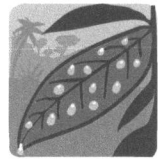

chao shi

Luftfuchtigkeit

shan dian

Blitz

da lei

Dunner

feng bao

Storm

bing bao

Hagel

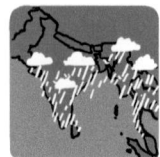

ji feng

Monsun

hong shui

Floot

bing

les

yi yue

Januormaand

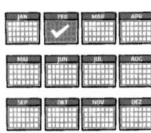

er yue

Februormaand

san yue

Martmaand

si yue

Aprilmaand

wu yue

Maimaand

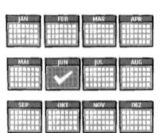

liu yue

Junimaand

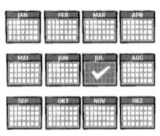

qi yue

Julimaand

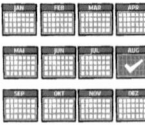

ba yue

Augustmaand

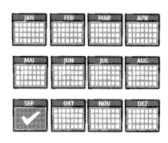

jiu yue

Septembermaand

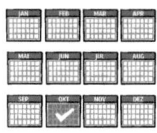

shi yue

Oktobermaand

shi yi yue

Novembermaand

shi er yue

Dezembermaand

xing zhuang
Formen

yuan xing

Krink

zheng fang xing

Quadrat

chang fang xing

Rechteck

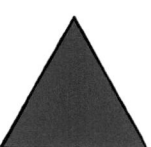

san jiao xing

Dreeeck

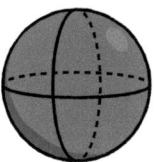

qiu ti

Kugel

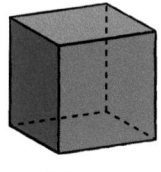

li fang ti

Wörpel

bai

witt

huang

geel

cheng

orangsch

fen

pink

hong

root

zi

lila

lan

blau

lü

gröön

zong

bruun

hui

gries

hei

swart

hen duo/shao xu

veel / wenig

sheng qi/ping jing

böös / verdreeglich

mei/chou

smuck / mies

shou/wei

Begünn / Enn

da/xiao

groot / lütt

ming/an

hell / düüster

xiong di/jie mei

Broder / Süster

gan jing/ang zang

schier / schietig

wan zheng/que shi

kumpleet / nich kumpleet

bai tian/wan shang

Dag / Nacht

si/sheng

doot / lebennig

kuan/zhai

breet / small

ke shi yong/fei shi yong

geneetbor / nich geneetbor

xie e/shan liang

böös / fründlich

xing fen/wu liao

fickerig / langwielt

pang/shou

dick / dünn

di yi/zui hou

toeerst / toletzt

peng you/di ren

Fründ / Fiend

man/kong

vull / leddig

ying/ruan

hart / week

zhong/qing

swoor / licht

e/ke

Smacht / Döst

sheng bing/jian kang

krank / gesund

fei fa/he fa

nich na't Recht / na't Recht

cong ming/yu ben

klook / dummerhaftig

zuo/you

linkerhand / rechterhand

jin/yuan

neeg / feern

xin/jiu

nieg / bruukt

mei you/you xie

nix / wat

lao/you

oolt / jung

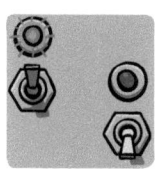

kai/guan

an / ut

da kai/he shang

apen / slaten

an jing/chao nao

lies / luut

fu/qiong

riek / arm

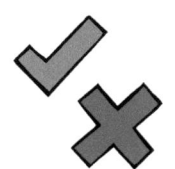

dui/cuo

richtig / verkehrt

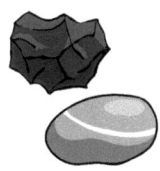

cu cao/guang hua

ruug / glatt

shang xin/gao xing

trurig / glücklich

duan/chang

kort / lang

man/kuai

suutje / flink

shi/gan

natt / dröög

wen nuan/liang shuang

warm / köhl

zhan zheng/he ping

Krieg / Freden

0	**1**	**2**
ling	yi	er
null	een	twee

3	**4**	**5**
san	si	wu
dree	veer	fief

6	**7**	**8**
liu	qi	ba
söss	söven	acht

9	**10**	**11**
jiu	shi	shi yi
negen	teihn	ölven

12
shi er

twölf

13
shi san

dörteihn

14
shi si

veerteihn

15
shi wu

föffteihn

16
shi liu

sössteihn

17
shi qi

söventeihn

18
shi ba

achtteihn

19
shi jiu

negenteihn

20
er shi

twintig

100
bai

hunnert

1.000
qian

dusend

1.000.000
bai wan

million

ying yu

Engelsch

mei shi ying yu

Amerikaansch Engelsch

pu tong hua

Chineesch Mandarin

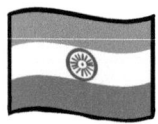

yin di yu

Hindi

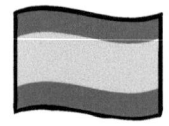

xi ban ya yu

Spaansch

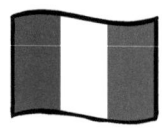

fa yu

Franzöösch

a la bo yu

Araabsch

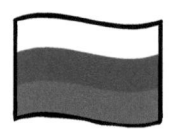

e yu

Rusch

pu tao ya yu

Portugiesch

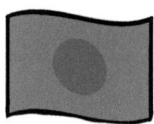

feng jia la yu

Bengaalsch

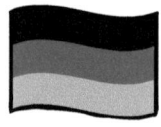

de yu

Düütsch

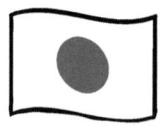

ri yu

Japaansch

wo
....
ik

ni
....
du

ta/ta/ta
....
he / se / dat

wo men
....
wi

ni men
....
ji

ta men
....
se

shei?
....
keen?

shen me?
....
wat?

zen yang?
....
woans?

na li?
....
woneem?

shen me shi hou?
....
wannehr?

ming zi
....
Naam

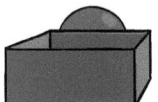

hou mian

achter

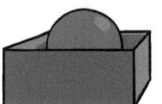

li mian

in

qian mian

vör

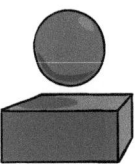

shang fang

över

shang mian

op

xia mian

ünner

pang bian

blangen

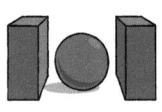

zhong jian

twüschen

di dian

Oort